Lk 7 845

NOTICE HISTORIQUE

SUR

BEAULIEU-LES-FONTAINES.

NOTICE HISTORIQUE

SUR

BEAULIEU-LES-FONTAINES,

PAR

LEROY-MOREL,

MEMBRE DE LA SOCIÉTÉ DES ANTIQUAIRES DE PICARDIE.

AMIENS,

TYPOGRAPHIE DE LENOEL-HEROUART,

RUE DES RABUISSONS, 10.

1858.

NOTICE HISTORIQUE

SUR

BEAULIEU-LES-FONTAINES.[1]

Origine singulière d'un nom. — Généalogie des seigneurs. — Forteresse. — Epoques historiques. — Etablissements religieux. — Forêt. — Usages et superstitions.

Beaulieu-les-Fontaines est un village assez considérable, situé sur la route de Nesle à Noyon (2).

---

(1) Dépt. de l'Oise.
(2) Dans son introduction à l'*Histoire générale de Picardie*, p. 492, dom Grenier fait mention de cette route en ces termes : « De Noyon à Nesle la
« chaussée est appelée, dans un titre de 1199, tantôt *Calciata Belli-loci*,
« tantôt *Calciata Nigelle* ; dans un autre du 15 juillet 1201, *Calceia de Biau-*
« *liu* ; dans un autre enfin d'un seigneur de Nesle, du XIIIe siècle, *Calceta de*
« *Bello loco*. Cette chaussée passe à Froidmont (a), en latin *Fractus mons* ;
« de Nesle à Péronne elle est appelée *chemin royal* dans la charte du mois
« d'octobre 1241 qui suit, et dans un traité fait en 1304, entre Simon de
« Nesle et l'abbaye de N.-D.-de-Soissons. »
A tous ciaux qui ces lestres veront. Je Simons de Clermont, sires de Neele, salut en Dieu. Sachent tuit que li Kemins qui va de Neele à Peronne, con apele Kemin royal, qui va pardevant Potes droit à la maison au malade de Vilers,

---

(a) Canton de Roye, habitation qui n'est séparée du faubourg Saint-Jacques de Nesle que par le chemin qui conduit de cette ville à Languevoisin.

Ce village s'appelait Biauliu (*Bellus-Locus*) dans le XIII⁰ siècle, Biau-Lieu dans le XV⁰, Beaulieu-le-Comte dans le siècle dernier, et depuis environ vingt ans il est appelé Beaulieu-les-Fontaines, à cause sans doute de plusieurs fontaines qui se trouvent sur son territoire et pour le distinguer de ses homonymes (1).

---

et de la maison le malade de Vilers droit à Liécourt, qu'il est mien et doit avoir cil Kemins LXII piés de lés sans plus ; et plus en avoit de lé je suis tenu au remettre au point de LXII piés, à la requeste l'Abeesse de nostre dame de Soissons ou de sen certain quemandement, tant com sa terre dur et est a savoir que tout li autre Kemin qui sont en la terre l'Abeesse, de quoi je suis Avoues, qu'ils doivent estre esbognés par le Maieur nostre dame de Soissons et par les eskevins toutes les fois qu'il sera mestiers. Et tous les forfails qui i averront seront jugiés, sauve la droiture au Maieur et ad eskevins qui devant sunt nommés. Et sont li arbre qui sunt dedens les kemins et estrées de celle avouerie, s'il quiecent ou il sechent sunt mien, sauve les Alnez et les transfies à l'Abeesse. Toutes ces choses sunt faites sous les poines de la charte qui jadis fu faite entre l'Abeesse et monseigneur Jehan, mon oncle, qui fut sires de Neele. Et fut fait en l'an del incarnation MCCXLI, ou mois d'outembre.

(1) Selon la tradition du pays, Beaulieu aurait encore eu une autre dénomination à une époque fort reculée, mais qu'on ne précise point. Si l'on demande aux habitants de cette localité ou des environs à quelle occasion le village changea autrefois de nom, ils répondront à peu près en ces termes : Un jour un grand seigneur, passant par Beaulieu, remarqua dans les rues plusieurs dépôts de matières fécales de belle forme et de bonne mine ; il demanda le nom du village, qui n'était alors composé que de chétives cabanes, on lui répondit : c'est Beaulieu ; le nom Baubran conviendrait mieux à ce pays, répartit le seigneur, et le nom nouveau eut la préférence. Deux siècles environ plus tard un autre grand seigneur, vint à passer aussi dans ce village, dont les habitations étaient alors construites avec beaucoup plus de goût et de luxe ; l'usage de déposer dans les rues la matière précitée n'avait pas cessé, mais la forme et la bonne mine avaient dégénéré ; il voulut aussi, lui, connaître le nom de l'endroit et on lui dit : c'est *Beaubran* ; il parut étonné de la terminaison de cette dénomination qui n'était plus en rapport avec ce qu'il venait de remarquer, et fit entendre qu'il conviendrait infiniment mieux de dire Beaulieu, parce que le pays lui pa-

Ces fontaines sont : *la fontaine Cayeux, la fontaine Lematte* et *la fontaine Saint-Pierre*. La première, située à 200 mètres environs des habitations, où l'administration locale a fait élever, en 1849, une maçonnerie surmontée d'une pyramide, est la plus considérable ; elle fournit environ 200 litres d'eau par minute. La source de cette fontaine sort d'une couche de lignite qui s'étend sous les terres de l'ancienne forêt de Bouvresse. Le carbonate de chaux que cette eau renferme, l'absence de sulfate, la présence d'une certaine quantité de carbonate et de crénate de fer en constituent une des meilleures eaux potables. Le défrichement presque total et récent de la forêt diminuera-t-il l'importance de cette source? c'est-ce que l'avenir fera connaître.

L'eau de la fontaine Lematte, voisine, paraît avoir la même composition chimique, ainsi que celle de la fontaine Saint-Pierre. L'intention des habitants de Beaulieu, dont la moitié environ fait usage de l'eau de ces fontaines, est qu'elle soit conduite et distribuée dans le village pour la commodité de tous les habitants.

Le domaine de Beaulieu était possédé, dès le XIIe siècle, par les seigneurs de Nesle (1), auxquels les rois de France en ont fait la concession.

GERTRUDE DE NESLE hérita ce domaine de Jean de Nesle (2) son frère, mort sans postérité. Elle avait épousé Raoul de Clermont, Ier du nom, sire d'Ailly, qui mourut en 1214. De cette union sont provenus :

1° Simon de Clermont-Nesle (3), qui va suivre ;

---

raissait fort beau et très bien situé. Les habitants satisfaits de la remarque flatteuse du grand seigneur, employèrent de nouveau la première dénomination qui finit par prévaloir.

(1) Voyez la *Picardie*, t. III p. 3.

(2) La maison de Nesle portait primitivement *de gueules à une panthère d'argent, puis burrelé d'argent et d'azur de dix pièces* ; celle de Nesle-Soissons, *de..... à un lion passant.*

(3) Les armes des Clermont-Nesle étaient *de gueules à deux bars adossés d'or, semé de trèfles de même.*

2° Thibaut, chanoine de Beauvais, en 1237 ;

3° Raoul, seigneur d'Ailly ;

4° Renaud-Geoffroy, 59° évêque de Beauvais, en 1234, mort en 1236 ;

Et 5° Mahaut.

Simon de Clermont, II° du nom, seigneur de Nesle, de Beaulieu et d'Ailly, fut connétable de France sous saint Louis, et créé régent du Royaume, avec l'abbé de Saint-Denis, au départ de ce monarque pour Tunis, en 1270. Il mourut en 1288, ayant eu d'Alix de Montfort, dame de Houdan, qu'il avait épousée en 1242, fille d'Amaury, comte de Montfort, connétable de France, et de Béatrix de Dauphiné :

1° Raoul de Clermont, qui va suivre ;

2° Gui, seigneur de Breteuil et d'Offemont, maréchal de France avant 1296. Il se trouva aux premières guerres de Flandre, l'an 1297, et fut tué à la bataille de Courtrai, le 11 juillet 1302. Il avait épousé Marguerite de Thorotte, dame d'Offemont, dont il eut cinq enfants.

3° Amaury, prévôt de Lille et chanoine de Beauvais ;

4° Simon qui passa, en 1301, de l'évêché de Noyon à celui de Beauvais. Il fut du petit nombre des évêques qui soutinrent Philippe-le-Bel contre Boniface VIII.

Et 5° Béatrix, mariée à Jean, IV° du nom, châtelain de Lille.

Raoul de Clermont, II° du nom, seigneur de Nesle, de Beaulieu et de Briost (1), fut pourvu de la charge de connétable de France, comme l'avait été Simon, son père, et fut longtemps gouverneur de la Flandre sous Philippe-le-Bel. L'histoire a conservé la réponse noble et fière que fit le connétable de Nesle, lors de la bataille de Courtrai, à Robert, comte d'Artois, qui traitait ses observations sur le danger d'en venir aux mains, de conseils lâches et pusillanimes : *Vous n'avez qu'à me suivre,* dit-il, *et vous verrez si je suis mesticuleux ou felon : je vous mesneray si*

---

(1) Canton de Nesle.

advant dans la meslée que vous n'en reviendrez jamais. On sait que la majeure partie de la noblesse française périt à cette fatale bataille. Le connétable de Nesle, ainsi que son frère Gui de Nesle, y perdit également la vie. Raoul de Clermont avait épousé, 1° Alix de Dreux, vicomtesse de Châteaudun et dame de Montdoubleau, fille de Robert, seigneur de Beu, et de Clémence, vicomtesse de Châteaudun :

2° Isabelle de Hainaut, fille de Jean, II° du nom, comte de Hainaut, et de Philippe de Luxembourg, dont il n'eut point d'enfants. Il laissa de sa première femme :

1° Alix de Clermont, dite de Nesle, qui va suivre ;

2° Isabeau, épouse de Hugues Larchevêque, seigneur de Montfort ;

Et 3° Béatrix, dite Jeanne de Clermont-Nesle, alliée à Aimar de Valence, Ier du nom, comte de Pembrock.

ALIX DE CLERMONT dite de Nesle, vicomtesse de Châteaudun et dame de Nesle, de Beaulieu et de Montdoubleau, épousa, 1° Guillaume de Flandre, seigneur de Tenremonde et de Richebourg, qui mourut en 1312 ; 2° Jean de Châlons, Ier du nom, seigneur d'Arlay. Elle eut de son premier mari :

JEAN DE FLANDRE (1), seigneur de Nesle, de Beaulieu, et vicomte de Châteaudun. Il épousa, en 1315, Béatrix de Châtillon-Saint-Pôl, fille de Gui de Châtillon, III° du nom, comte de Saint-Paul, seigneur de Doullens, Encre, etc., grand bouteiller de France, et de Marie de Bretagne. Béatrix qui vivait encore en 1350, eut de Jean de Flandre plusieurs filles, dont Marie, l'aînée, qui va suivre :

MARIE DE FLANDRE, dame de Nesle, de Beaulieu, de Mondoubleau et de Tenremonde, épousa, en 1337, Ingerber, Ier du nom, seigneur d'Amboise, de Montrichard, de Chevreuse, etc., sur-

---

(1) Les armes de la maison de Flandre étaient : *d'or au lion de sable, armé et lampasé de gueules.*

nommé le Grand, fils aîné de Pierre I*er*, seigneur d'Amboise, de Montrichard, etc., et de Jeanne, dame de Chevreuse. Il fut fait prisonnier par les Anglais à la Bataille de Poitiers, et mourut en 1373, ayant eu de Marie de Flandre, sa première femme :

1° Jean d'Amboise, mort jeune ;

2° Jeanne, qui suit;

3° Marguerite, alliée à Pierre de Sainte-Maure II, seigneur de Montgaugier, qui va suivre;

Et 4° Marie, mariée à Olivier, seigneur de Husson.

JEANNE D'AMBOISE (1), dame de Nesle, de Beaulieu, de Montdoubleau, etc., fut mariée à Charles de Trie, comte de Dammartin, etc., fils de Jean II, comte de Dammartin, et de Jeanne de Sancerre. Il se trouva, en 1356, à la bataille de Poitiers; prisonnier du comte de Salisbury, il fut conduit en Angleterre. Pour obtenir sa liberté, il transporta au connétable de Fiennes, en novembre 1360, ses terres de Cappy (2) et de La Basèque, près Arras, en échange de celle de Marrot, dans le comté de Salisbury, en Angleterre, que le connétable avait cédée à ce comte pour partie de sa rançon. Il retourna en Angleterre en 1364, et le roi lui fit remettre une somme d'argent pour y soutenir son état. Charles de Dammartin eut l'honneur de tenir sur les fonts de baptême le roi Charles VI, en 1368, avec le maréchal de Montmorency. Par titre du 3 novembre 1401, Jeanne d'Amboise fonda dans la collégiale de Nesle une messe basse quotidienne, appelée la *messe d'Amboise*. Elle affecta à cette fondation cinquante-deux journaux de bois dans les forêts de Beaulieu et de Fréniches, et six journaux de pré, avec réserve de garenne et de justice. Elle eut pour fille unique *Blanche*, comtesse de Dammartin, mariée à Charles, sire de La Rivière, seigneur d'Aunau et de Rochefort, de Cesi, de Montdoubleau, etc, comte de

---

(1) Armes de la Maison d'Amboise : *Palé d'or et de gueules de six pièces.*

(2) Canton de Bray.

Dammartin(1), fils de Bureau, sire de la Rivière, premier chambellan du roi Charles V, et de Marguerite, dame d'Aunau et de Rochefort. Charles de La Rivière était filleul du même roi, et tint constamment, le parti de Charles Dauphin, lequel ayant succédé à la couronne, lui donna, en 1428, en reconnaissance de ses services, la charge de Grand Maître et général réformateur des Eaux et Forêts de France; mais il n'en remplit pas longtemps les fonctions, car il mourut en 1429. Blanche étant morte sans enfants laissa les seigneuries de Nesle, Beaulieu, etc., à sa tante Marguerite d'Amboise.

MARGUERITE D'AMBOISE, dame de Nesle, de Beaulieu, etc., fille puînée d'Ingerger, seigneur d'Amboise et de Marie de Flandre, dame de Nesle, épousa Pierre de Sainte-Maure (2), IIe du nom, dit *Drumas*, fils de Pierre de Sainte-Maure Ier, seigneur de Sainte-Maure, et de Mahaut, sa femme. Il se trouva à la guerre de Gascogne et de Saintonge en 1338, à la bataille du roi de Navarre en 1340 et à celle de Bouvines ; il fut trois fois prisonnier des Anglais, auxquels ils paya de fortes rançons. Ils eurent quatre enfants :

1° Jean qui va suivre :

2° Armand, seigneur de Pussac, mort sans postérité ;

3° Marie, alliée à Pierre de La Rocherousse, seigneur de Pocé ;

Et 4° Marguerite, mariée à Guillaume, seigneur d'Orgemont et de Méry-sur-Oise.

JEAN DE SAINTE-MAURE Ier, seigneur de Nesle, de Beaulieu, de Montgaugier, comte de Bénaon, jouissait, en 1411, d'un grand crédit à la cour. Il était chancelier du Dauphin, duc d'Aquitaine, et avait *moult belle faconde*, dit Monstrelet ; le duc d'Orléans solli-

---

(1) Les comtes de Dammartin portaient : *fascé d'azur et d'argent de six pièces, à la bordure de gueules.*

(2) La maison de Sainte-Maure portait, selon l'Armorial universel : *d'argent à la bande de gueules*, et suivant De La Roque, auteur du Traité de la Noblesse : *d'argent à la fasce de gueules.*

citait sa mort et celle de plusieurs gentilshommes picards. Il était mort en 1425, et avait épousé Jeanne Des Roches, dame de Beaupréau et de La Haie-Joulain, fille et héritière de Jean, seigneur Des Roches, et de Jeanne de Beaupréau, dont il eut quatre enfants :

1° Jean II, qui suit;

2° Pierre;

3° Marie;

Et 4° Charlotte, dame de la Faigne, mariée à Gui de Laval, seigneur de Loué.

Jean de Sainte-Maure, II° du nom, seigneur de Nesle, de Beaulieu, de Montgaugier, de La Haie-Joulain, etc., était mort en 1463. Il avait épousé 1° Jacquette de Puiseuls, nièce de Renaud de Chartres, archevêque de Reims et chancelier de France; et 2° Louise de Rochouart. Ses enfants du premier lit furent :

1° Charles, qui suit;

2° Andrée, mariée à Thibaut Bellenger, seigneur de La Houssaie.

Ceux du second lit furent :

3° Jean de Sainte-Maure, prisonnier à Loches, dont le procès fut commencé en 1477, pour avoir voulu favoriser l'évasion du comte de Roucy, qui y était aussi prisonnier ;

4° Jacques ;

5° Antoine ;

Et 6° Agnès mariée à Jean Beaufils.

Charles de Sainte-Maure, en faveur duquel la seigneurie de Nesle fut érigée en comté (1), par lettres du mois de janvier 1466, seigneur de Beaulieu, de Montgaugier, etc., chevalier et chambellan du roi, vivait encore en 1492. Il avait épousé, du vivant de son

---

(1) Le roi Louis XI érigeant la seigneurie de Nesle en comté, dit que cette terre *est moult noble et ancienne, de très grant nom et valeur* ; il parle d'un très grand nombre de fiefs qui en dépendent.

père, 1° par contrat du 26 septembre 1457, Madeleine de Luxembourg, seconde fille de Thibaut, seigneur de Fiennes, et de Philippine de Melun ; et 2° Catherine d'Estouteville, dame de Formeries, fille de Robert, seigneur de d'Aussebosc, et de Marie de Sainte-Beuve.

Du premier mariage il eut :

1° Adrien de Sainte-Maure, mort sans alliance.

Du deuxième il eut :

2° Adrien, qui va suivre ;

3° Jean, chevalier, de Rhodes, commandant de Carquigny ;

4° Jeanne, mariée à Jean de Montbel, seigneur d'Antremons ;

5° Antoinette, alliée à François Baraton, seigneur de Rivarennes ;

Et 6° Anne, femme du seigneur de la Gratoire, en Anjou.

ADRIEN DE SAINTE-MAURE, comte de Nesle, en faveur de qui la seigneurie de Beaulieu fut érigée en baronnie, en 1490; il était mort en 1507. Il avait épousé Charlotte de Châlons, comtesse de Joigny, dame d'Antigny, etc., fille et héritière de Charles de Châlons, comte de Joigny, baron de Viteaux et de Jeanne de Banquetin, dont il eut huit enfants :

1° Jean qui va suivre ;

2° Nicolas, baron d'Esmery et comte de Joigny en partie, qui épousa, le 17 mai 1530, Jeanne Herland ;

3° Aimé ;

4° Adrien ;

5° Florent, morts jeunes ;

6° Barbe, dame de Grignon et de Lorme en partie, alliée à Antoine de Dinteville, seigneur de Dinteville, de Spoy, de Fougerolles, baron de Meurville, fils de Erard, qui vivait en 1500, et de Guyonne de Vergy. Il mourut à Milan des blessures qu'il avait reçues à la bataille de Marignan en 1515 ;

7° Avoie, femme de Jean de la Baume, comte de Montrevel ;

Et 8° Claude de Saint-Maure, chevalier de l'ordre de Saint-Jean-de-Jérusalem. Il fut arrêté par ordre du roi et mis en prison au château de Dijon le 2 février 1531; il y mourut le 9 décembre suivant. Claude prenait la qualité de comte de Joigny, et quoiqu'il fut de l'ordre de Malte il se maria deux fois : 1° à Julienne Eveille-Chien, dont il eut Claude de Sainte-Maure, mariée à Réné Bellenger, seigneur de Beauvais ; 2° à Claude de Prie, de laquelle il n'eut encore qu'une fille, aussi nommée Claude, mariée à Hugues Rabutin, baron d'Espiry. Leur état fut contesté au Parlement ; elles transigèrent avec le comte de Nesle, leur cousin germain, qui les reconnut pour légitimes, et habiles à succéder à leur père et à leur mère.

JEAN DE SAINTE-MAURE, III° du nom, comte de Nesle et de Joigny, sire de l'Ile-sous-Montréal, baron de Beaulieu, d'Athies, de Cappy et de Cuverville, et seigneur de Formeries, mourut le 10 septembre 1524 (1). Il avait épousé Anne de Humières, dame d'Ognolles et de Bouzincourt, fille de Jean II, seigneur de Humières, de Becquincourt, de Nedonchel, de Monchy-le-Pierreux (2) etc., et de Jeanne de Hangest. Ils eurent quatre enfants :

---

(1) Le tombeau de Jean de Sainte-Maure et d'Anne d'Humières, placé au milieu de la crypte de la collégiale de Nesle, et détruit en 1793, portait sur la face droite : *Cy gist hault et puissant seigneur Jehan de Sainte-Maure, en son vivant chevalier, comte de Neelle et de Joigny, sire de l'Isle-soubs-Montréal, baron de Beaulieu, d'Athies, Cappy, de Cuverville, et seigneur de Formeries, lequel trespassa le dixième jour de septembre l'an mil cincq cens vingt-quatre. Pries Dieu pour son âme.* Sur la face gauche on lisait : *Cy gist aussi haulte et puissante dame Anne de Humières, en son vivant dame d'Ongnolles et de Bouzincourt, famme dudit seigneur comte de Neelle, laquelle trespassa l'unziesme jour d'aoust l'an mil cincq cens quarante-cincq. Pries Dieu pour son âme.*

(2) Oise, canton de Ressons. Depuis la fin du XVII° siècle ce lieu est appelé *Monchy-Humières* ; il appartenait au XIII° siècle au seigneur de Nesle, selon la charte suivante :

Philippe par la grâce de Dieu rois de France à tous ciaux qui ces lettres verront et orront salut. Sachent tuis que nous considéré le bon et agréable service que nos amés féals Raous de Clermont, connétables de France, sire de Neele nous a fait sans cesser, li avons donné, donnons et otrions à tous

1° Charles, comte de Nesle, etc., qui était mort en 1534 ;
2° Louis, qui va suivre;
3° Louise, abbesse de l'Abbaye-aux-Bois (1) ;
Et 4° autre Louise, mariée à Gilles de Laval, seigneur de Loué.
Louis de Sainte-Maure, chevalier de l'ordre royal. C'est en sa faveur que François Ier érigea le comté de Nesle en marquisat, par lettres du mois de janvier 1545, enregistrées au parlement de Paris le 26 novembre 1548 (2). Il fut donné en ôtage à l'Angleterre en 1559, et mourut le 9 novembre 1572. Il avait épousé : 1°, le 5 janvier 1540, Jeanne de Rieux, comtesse de Laval, de Vitré, de Rieux et de Rochefort, fille ainée et héritière de Claude, sire de Rieux, et de Catherine, comtesse de Laval ; elle mourut sans enfants en 1567 ; 2° Madeleine Olivier, fille de François,

---

jours hirétablement la ville de Monci-le-Perreus, les hommages, les fies, les arrière fies, la seigneurie, la justice et toutes autres choses que nous aviemes ou poyemes ou deviemes avoir en quelconques manière et par quelques raison que ce fust en ladite ville et es apartenances d'iceli a tenir avoir et pourscoir de lui ses hoirs ses successeurs ou ceux qui aront cause de lui hirétablement et à tous jours en accroissement de son fief de Athies que il tient de nous, retenu a nous et a nos hoirs le ressort tant seulement des choses devant dites. Et pour que ce soit ferme chose et estable a tousjours nous avons fait metre nostre scel a ces presentes lettres. Ce fu fait à Vilers-Colderest (Villers-Cotterets), *l'an de grace mil deus cens quatre vins et douze ou mois de juing.*
(Archives du château de Nesle, pièce cotée 361).

(1) Voyez la *Picardie*, t. II, p. 375.

(2) La seigneurie de Nesle a été regardée de tout temps comme une des plus considérables de la Picardie. Les baronnies de Beaulieu, de Freniches d'Athies et de Capy y étaient réunies dès le XV° siècle et ne composaient qu'un même corps de fief avec Nesle. En conséquence de l'union de ces quatre baronnies au marquisat de Nesle la justice y était administrée par des lieutenants du bailli de Nesle ; mais par lettres patentes du 17 juin 1585, le roi Henri III permit à Gui de Laval, marquis de Nesle, de supprimer les justices de ces quatres baronnies et d'obliger les habitants à plaider en première instance pardevant le bailli de Nesle. Il n'y avait plus alors qu'un chef-lieu pour recevoir les foi et hommages, qui était le château de Nesle.

chancelier de France, et d'Antoinette de Cérisay, dont il eut :
1° CHARLES DE SAINTE-MAURE, marquis de Nesle, baron de Beaulieu, etc., comte de Joigny, etc., mourut le 2 novembre 1576, âgé de 6 ans.

Et 2° Antoine, aussi mort jeune. Par suite de ces deux décès, le seigneur de Laval, leur cousin, succéda au marquisat de Nesle, et à tous leurs autres biens.

JEAN DE LAVAL, marquis de Nesle, comte de Joigny et de Maillé, vicomte de Brosse, baron de Beaulieu, de Bressuire, de la Motte-Sainte-Héraye, seigneur de Loué, etc., né le 25 avril 1542, fils de Gilles de Laval II, seigneur de Loué, de Benais, de Maillé, de Rochecorbon, de la Motte-Sainte-Héraye et de Pontchâteau, vicomte de Brosse, etc., et de Louise de Sainte-Maure. Le roi Charles IX le fit chevalier de son ordre et gentilhomme de sa chambre ; le roi Henri III lui donna la charge de capitaine de cent gentilshommes de sa maison, et érigea, en sa faveur, la baronnie de Maillé en comté. Il décéda le 20 septembre 1576. Son cœur fut enterré dans la chapelle du cardinal de Birague de l'église de Sainte-Catherine du Val, et son épitaphe, sorte de jeu de mots, composée par Flaminie de Birague, portait :

> Passant pense-tu pas de passer le passage
> Qu'en mourant j'ay passé ? pense le mesme pas :
> Si tu n'y penses bien, de vrai tu n'es pas sage,
> Car possible, demain passeras au trespas.

Jean de Laval avait épousé : 1° Rénée de Rohan, veuve en premières noces de François de Rohan, seigneur de Gié et du Verger, et en seconde noces de Réné de Laval, seigneur de Loué ; 2° Françoise de Birague, fille de Réné de Birague chancelier de France et cardinal. Il eut de sa première femme :

1° Gui, qui va suivre ;

2° Louis, né le 30 mai 1568, mort jeune ;

3° Charles, né le 27 juin 1570, mort peu de temps après sa naissance.

De sa seconde femme est née :

4° Marguerite de Laval, morte jeune.

GUI DE LAVAL, marquis de Nesle, comte de Joigny et de Maillé, vicomte de Brosse, baron de Bressuire, de Beaulieu, etc., seigneur de Loué, etc., gentilhomme de la chambre du roi, capitaine de cinquante hommes d'armes de ses ordonnances, né le 28 juillet 1565, mourut, le 12 avril 1590, des blessures qu'il reçut à la bataille d'Ivry (1), combattant pour Henri IV, sans laisser de postérité de Marguerite Hurault, fille de Philippe, comte de Chiverny et de Limours, chancelier de France et d'Anne de Thou. Gui laissa sa riche succession à sa tante, qui suit :

GABRIELLE DE LAVAL, née le 29 janvier 1540, fille de Gilles de Laval II, seigneur de Loué, de Benais, de Maillé, de Bressuire, de Rochecorbon, etc., et de Louise de Sainte-Maure, fille de Jean de Sainte-Maure et d'Anne de Humières, épousa François Aux-Epaules, seigneur de Picy, de Presles et de Ferrières, et en eut deux enfants :

1° Réné, qui va suivre ;

Et 2° Claude, mariée à Gilles Brûlart, seigneur de Genlis et de Crosne, dont elle eut Réné Brûlart, marquis de Genlis, capitaine-lieutenant de la compagnie des gens d'armes du duc d'Anjou, gouverneur du fort de Baraux et des frontières, puis lieutenant-général des armées du roi, mort le 21 décembre 1696, âgé de 79 ans.

RÉNÉ AUX-EPAULES, dit de Laval, marquis de Nesle, etc., chevalier des ordres du roi et gouverneur de La Fère, prit le nom et les armes de Laval (2) ; il mourut le 19 mai 1650, âgé de 76 ans.

---

(1) *Gui de Laval était habillé comme Henri IV ; il alla à la charge avec les chevau-légers du comte d'Auvergne : les ennemis se jetèrent sur lui et crurent avoir tué le roi, ce qui excita leur ardeur.*

(2) *La maison de Laval portait : d'or semé de flammes de gueules à la croix ancrée d'azur chargée de cinq flammes d'or ;* la maison Aux-Epaules : *de gueules à une fleur-de-lis d'or.*

Il avait épousé Marguerite de Montluc, seconde fille de Jean de Montluc, seigneur de Balagny, prince de Cambrai, maréchal de France et de Rénée de Clermont-d'Amboise, de laquelle il eut deux filles :

1° Réné Aux-Epaules, dite de Laval, mariée à César d'Aumont, marquis de Clervaux, vicomte de la Guerche, gouverneur de la Touraine, dit le marquis d'Aumont; elle mourut sans enfants ;

Et 2° Madeleine Aux-Epaules, dite de Laval, mariée 1° à Bertrand-André de Monchy, seigneur de Rubempré, puis marquis de Montcavrel après son frère François-Charles, mort sans alliance le 10 février 1629; et 2° en 1654, à Réné de Mailly IV° du nom, seigneur et marquis de Mailly, gouverneur de Corbie, qui se trouva aux siéges de La Rochelle et d'Arras, à la bataille de Sédan, et mourut le 5 décembre 1695, âgé de 85 ans. Du second lit Madeleine n'eut point d'enfants, mais du premier lit elle eut :

1° Jean-Baptiste, qui va suivre ;

2° Jeanne, née en 1628, mariée en janvier 1649 à Louis-Charles de Mailly, frère puîné de Réné de Mailly. Elle décéda le 17 avril 1713 ;

3° Marguerite-Henriette, abbesse de l'Abbaye-aux-Bois, morte le 20 avril 1715 ;

Et 4° Catherine.

Jean-Baptiste de Monchy, marquis de Nesle et de Montcavrel, baron de Beaulieu, etc., naquit en novembre 1629, épousa Claude de Mailly, fille de Réné de Mailly IV, marquis de Mailly (1). Se voyant sans enfants, ils vendirent, moyennant 1,065,000 livres, le marquisat de Nesle, celui de Montcavrel, et beaucoup d'autres domaines à Louis-Charles de Mailly, qui avait épousé Jeanne de Monchy, fille de Bertrand-André de Monchy, marquis de Montcavrel, et de Madeleine Aux-Epaules, marquise de Nesle. Le

---

(1) Monchy portait : *de gueules, à trois maillets d'or*, et Mailly : *d'or à trois maillets de Sinople.*

contrat de cette acquisition fut passé le 30 mai 1666, homologué au Parlement par arrêt du 24 mars 1667 (1). (*Le P. Anselme*).

Notons ici que la princesse de Bavière, mariée en 1854 à l'empereur d'Autriche actuel, est petite-fille du prince Pie-Auguste de Bavière, qui épousa la fille de Anne-Adelaïde-Julie de Mailly, fille du dernier marquis de Nesle, et épouse de Louis-Marie, duc d'Aremberg.

Beaulieu eut le titre de ville, puis celui de bourg. Il avait un château fortifié, élevé par les seigneurs de Nesle, dont on voit encore les ruines, sur la place au milieu du village. Sa forme était octogone, et le donjon, également à huit pans, s'élevait à environ cinquante mètres, battant la campagne dans tous les sens : chaque côté, armé de quatre canons, était prolongé par une tourelle à l'angle de jonction des faces latérales. La place était entourée de fossés très profonds, larges de douze mètres, et le pont-levis, défendu par une redoute triangulaire armée de douze canons. En avant du corps de la place étaient plusieurs redoutes, garnies de pièces à feu.

Indépendamment de cette forteresse importante, du côté de la forêt, au lieu dit le *Bouquet*, il existait un point fortifié, nommé le *Fort Namur*, dont l'emplacement est encore indiqué par une ligne de circonvallation qui entoure une partie du village ; on croit que c'était primitivement un établissement des templiers.

Un autre fort dont l'emplacement est connu sous le nom de *Vieux-Montel* existait entre Margny-à-Cerises et Beaulieu. Il fut attaqué et enlevé par les Bourguignons dans le XVe siècle. Le chemin de Beaulieu qui mène à cet emplacement a conservé la désignation de *Voie de Bataille* (2).

---

(1) Voyez la Picardie, t. III, p. 9 pour la suite des barons de Beaulieu.
(2) *Annuaire de l'Oise*, année 1834.

D'après les archives du château de Nesle, Jeanne d'Arc, prisonnière à Compiègne, aurait eu la forteresse de Beaulieu pour prison. « Et la Pucelle, rapporte Monstrelet, demeura en la garde
« et gouvernement de messire Jehan de Luxembourg, lequel
» après, dedans brefs jours en suivant, l'envoya, soubs bonne
» escorte, au chasteau de Beau-Lieu. »

Les portes de cette demeure féodale s'ouvrirent bientôt pour recevoir la vierge de Domremy ; elle y fut conduite dans une salle basse, où elle devait rester jusqu'à nouvel ordre.

Là, Jeanne d'Arc, presque indifférente par sa situation personnelle, s'abandonnait à de mortelles angoisses en pensant aux habitants de Compiègne qu'elle avait laissés en proie aux fureurs d'un siége; elle sentait bien que sa captivité affaiblirait le courage des troupes du roi Charles VII et doublerait l'audace et l'espoir des assaillants. Que vont-ils devenir ? répétait-elle sans cesse en versant des larmes ; puis, tout à coup, elle devenait calme, se mettait à genoux, baisait la terre, faisait de grands signes de croix, et restait quelquefois des heures entières dans un état d'extase : ceux qui la voyaient ainsi disaient qu'elle s'entretenait avec le Démon ; mais plus tard, lorsqu'on demanda à Jeanne l'explication du mystère, elle répondit que dans ces instants, les saintes qui jadis lui avaient ordonné d'aller combattre les Anglais, venaient s'entretenir avec elle, la consoler et lui dire de se confier en Dieu seul.

Quoique ces heures délicieuses laissassent dans l'âme de l'héroïne une impression ineffaçable, cependant son inquiétude pour les habitants de Compiègne allait toujours croissant; un jour elle parvint à passer entre deux pièces de bois mal jointes ; déjà elle a pu traverser plusieurs chambres, bientôt elle sera libre, elle respire enfin ; une expression de bonheur anime son visage :
« O ma mère, pense-t-elle, comme tu seras heureuse en apprenant ma délivrance ! »

A la faveur de son costume personne ne l'a remarquée : une troupe se dispose à sortir, elle va franchir le pont en même temps qu'elle ; encore quelques instants et elle foulera l'herbe de la prairie, bientôt elle sera sous les murs de Compiègne ; le cœur de la jeune fille bondit de joie, ses lèvres murmurent une prière. Tout à coup un cri se fait entendre, il retentit dans le château ; on crie : aux armes ! le concierge a reconnu la pauvre fille ; elle rentre calme dans sa prison en disant : « il ne plaît pas à Dieu que j'échappe cette fois. »

Cette tentative d'évasion effraya Jean de Luxembourg, et il se promit de rendre la captivité de Jeanne plus pénible ; il ordonna donc qu'elle fût conduite au château de Beaurevoir (1).

Quelques années avant et peut-être pendant la détention de Jeanne d'Arc dans cette forteresse, Jacotan Estobert était capitaine de Beaulieu (2).

Le duc de Luxembourg, qui était encore du parti des Anglais en 1439, « avoit, rapporte aussi Monstrelet, de moult puissantes
» places, c'est à sçavoir Coucy, Beau-Lieu, Han-sur-Somme,
» Neele, La Ferté, Saint-Gobain, Marle, Arsi, Montagu, Guise,
» Herison, Bouchain, Beaurevoir, Honnecourt, Orsy et aultres
» forteresses, qui étoient garnies, de gens puissamment..... Et
» assez bref temps après son trépas, arrivé en 1440, ung nommé
« Levrin de Moucy, à qui il avoit baillé le chasteau de Coucy en
» garde, le rendit ès mains du duc d'Orléans, moyennant certaine
» grant somme qu'il en reçut, et ne feut point content de mectre es
» mains du comte de Sainct-Pol, neveu et successeur dudict mes-
» sire Jehan de Luxembourg. Et aussi ceulx de Neele et de Beau-
» Lieu en Vermandois, déboutèrent Lyonnel de Vendosme, qui
» estoit leur gouverneur, et tous les aultres en ycelles places de
» par le dessus dict messire Jehan de Luxembourg, mirent dedans
» les gens de monseigneur de Montgaugier qui estoit pour le roy
» de France. »

---

(1) Aisne, arrondt. de Saint-Quentin.
(2) De La Fons, *Cité Picarde*, p. 100.

En 1465 le château de Beaulieu fut emporté et détruit par les Bourguignons. Jacques Duclercq rapporte ainsi les circonstances de ce siége :

« Environ le vingt-cinquiesme jour de juing mil quatre cents
» soixante-cinq, le comte de Charollois (célèbre depuis sous le nom
» de Charles-le-Téméraire) ayant mis soubs son obéissance les
» villes de Bray-sur-Somme, Neele en Vermandois, Roye et Mont-
» Didier, se partist de Roye, et alla mectre le siége devant le
» chastel de Beaulieu, qui est ung fort chasteau appartenant au
» seigneur de Neele, et y avoit ung gros villaige, auquel Chastel y
» avoient plusieurs compaignons de guerre quy, sçachant sa
» venue bouttèrent (mirent) le feu en la ville autour dudict chas-
» tel, et ardirent (brûlèrent) le plus beau et le meilleur de la ville.
» Auquel siége y feust environ huit jours, durant lesquels le chas-
» teau fut moult (beaucoup) endommagié de canons et aultres
» traits à poudre, et feust tellement battu que ceulx de dedans se
» rendirent saulfs leurs vies, bien et harnas, et se rendit le chastel
» le jour de sainct Jehan-Baptiste. »

Au mois d'août 1653, les Espagnols, sous la conduite du prince de Condé, livrèrent aux Français un combat sanglant entre Beaulieu et Ognolles (1), dans la forêt de Bouvresse, après lequel Ecuvilly (2) fut brûlé avec la maison seigneuriale.

Le 27 mai 1676, les impériaux firent une descente en Picardie et incendièrent par où ils passèrent. Beaulieu fut pillé et brûlé, ainsi que Athies, Béthencourt-sur-Somme, Herly, près Nesle, et plus de quarante autres villages ; une contribution de onze cents pistoles d'or fut imposée à Nesle (3).

Le 29 mai 1779, un incendie détruisit à Beaulieu quarante-huit habitations.

La baronnie de Beaulieu consistait, en 1740, en un château

---

(1) Oise, canton de Guiscard, à deux kil. N. de Beaulieu.
(2) Oise, canton de Lassigny, au S. de Beaulieu, auquel il tient.
(3) Archives de la ville de Nesle.

entouré d'un fossé à sec, sa cour, et une forte tour, avec un petit jardin potager sur le bord du fossé, terres labourables du domaine de Beaulieu, environ quarante-six setiers de pré dans les six prairies appelées *pré Bigot, près Namur, de la Poterie, Houy, du Quénoy et des quatre-vingts verges ;* le droit de chaussée et de travers dans le village et celui d'afforage de vins ; le moulin, bâti de bois (1) ; le grand étang sur la chaussée de Beaulieu à Ognolles (2) ; les censives, cens et rentes de ce village ; la coupe et exploitation du taillis du petits bois, appelé *la Garenne* ; et des rives et buissons de la forêt suivant les ordonnances et usages ; la coupe et exploitation de soixante-cinq journaux de terre par année de bois taillis dans la forêt de Beaulieu, pour être faite suivant l'usage ordinaire du marquisat de Nesle, conformément à l'ordonnance des Eaux et Forêts de 1669 ; celle de tous les arbres, chênes et baliveaux sur taillis qui se trouvaient dans lesdites coupes ordinaires au-dessus de l'âge de quarante ans; la paisson des chevaux et des vaches dans les taillis de cette forêt de l'âge défensable; la glandée dans toute l'étendue de la forêt; le droit de tendre des bécasses le long et aux rives de ladite forêt, suivant la même ordonnance et le même usage (3).

Le château de Beaulieu n'avait pas été rétabli ; ses ruines ont subsisté jusqu'en 1793, époque où elles furent démolies, comme reste de féodalité, par l'ordre des représentants du peuple en mission. On a trouvé dans les démolitions une grande quantité d'ossements humains, d'armures et de projectiles (4).

---

(1) Ce moulin placé sur la butte à l'est d'Ecuvilly, déjà bâti en 1477, a été abattu en 1854.

(2) La superficie de cet étang est d'un peu plus de deux hectares; c'est évidemment par erreur que l'auteur de l'*Annuaire de l'Oise* dit qu'il n'a été creusé qu'en 1765.

(3) Arch. du marquisat de Nesle.

(4) *Annuaire de l'Oise*, 1834.

Les seigneurs de Nesle résidèrent assez souvent au château de Beaulieu pendant les guerres du moyen-âge ; ils y étaient attirés par la sûreté du lieu et par la proximité de la forêt alors très giboyeuse.

Au XVIIe siècle le château de Beaulieu était défendu par une compagnie que commandait un capitaine-gouverneur. Noble homme François de Frormont possédait cette charge en 1618.

Valéran Des Fossés, écuyer, sieur de Vally, était, en 1661, gouverneur du château de Beaulieu, et capitaine de la forêt et de celle de Fréniches (1).

Henri Des Fossés, son frère, qualifié en 1634 seigneur de Grand-Rouy (2), de Thibeauville (3), d'Ercheu (4) en partie, de Hangest et d'autres lieux, posséda aussi la même charge.

Bernardin du Biez de Maison-Blanche était, en 1735, receveur général de la baronnie de Beaulieu. Il légua, vers l'an 1743, aux habitants de cette localité des terres dont le revenu est aujourd'hui de 150 fr. par année.

Beaulieu devint chef-lieu de canton en 1790 ; il comprenait les communes de Beaulieu, Beaurains, Bussy, Campagne, Catigny, Ecuvilly, Frestoy, Genvry, Libermont, Margny-à-Cerises, Ognolles, Sermaise et Solente. L'arrêté du 23 vendémiaire, an X, qui ré-

---

(1) Oise, canton de Guiscard.

(2) Canton de Nesle.

(3) Tyboutville dans le XIIIe siècle. Selon la tradition locale, Thibeauville, dont il n'existe plus que l'emplacement depuis près d'un siècle était, dit-on, un établissement des Templiers. On lit dans les registres de la paroisse du Frétoy : « Le 18 décembre 1649, décès de Laurent Giot, fermier de la » ferme de Thibeauville... le huitième jour de décembre 1655, Jehan de... » natif de... a esté tuez par des cavaliers, d'un coup de pistolet à la teste. » passant devant la ferme de de Thibeauville. » Ce hameau était à 4 kil. S.-E, d'Ercheu, à 1 kil. environ ouest du Frétoy, et à 2 kil. nord de Campagne.

(4) Canton de Roye.

duisit à trente-cinq les soixante-seize justices de paix du département de l'Oise, supprima le canton de Beaulieu.

Vers 1117 le prêtre Warnerus fonda à Beaulieu une église que Lambert, évêque de Noyon, érigea en prieuré, sous l'invocation de Notre-Dame. Ce prélat consacra cette église et confirma la donation de la terre d'Omancourt (1), faite en 1115, par Raoul de Nesle, à l'abbaye de Saint-Crépin de Soissons. Le fondateur se retira à Beaulieu avec quelques religieux de cette abbaye, sous la protection de laquelle le nouvel établissement continua d'exister.

Un titre de l'an 1300, provenant des archives de la même abbaye, fait mention de vingt-quatre setiers de terre sur le territoire de Beaulieu, qui appartenait à ce prieuré (2).

Raoul de Clermont fonda aussi à Beaulieu, au mois de septembre 1291, quatre chapellenies, dites de Sainte-Catherine, qui furent transférées plus tard à l'église castrale de Nesle. Le marquis de Nesle payait encore, à la fin du siècle dernier, cent vingt setiers de blé par an à quatre chapelains, chargés chacun de trois mois de messes basses, qui se disaient à huit

---

(1) Même canton.

(2) Raoul de Clermont, sgr. de Neelle, connestable de Franche, fas sçavoir à cheux qui sont et qui advenir sont que discord et matière de prochés fut entre my et les hors abbé et couvent du moutier Saint-Crespin ly Grand de Sessons pour l'oquoison que tenoye en.... l'y prieur et moine de leur prioré de Beaulieu affin qu'ils mettissiens hors de leurs mains plusieurs pièches de terre à eulx données et acquastées étant en ma justiche, dont l'y nombre en suit: quatorze sextiers et demy séans au font du feu (*hêtre*) en deux pièches, et autres deux pièches contenans six sextiers et demi peu plus peu moins seant audit lieu du font du feu au lieu dit au Tombel, et autres trois setiers tenant à l'abbaye du Bois, à la par fin par le conseil de aucun de my grants amys, lesquels my en ont requis. Et en récompense des biens fais que li abbé, prieur et moines ont fas à my et feront encore en me vye et après me mort..... et amorty et veul que doresnavant tiengnent la dite terre si comme en main morte quant à my appartient. En tesmoing des choses ay mis men scel l'an de grace mil trois cents au mois de décembre.

heures pour la commodité des employés du château ; il payait en outre à un clerc, trente setiers de blé, à la charge, par ce dernier, de servir tous les jours de l'année la messe de l'un des quatre chapelains.

Beaulieu, avait primitivement une chapelle dédiée à saint Jean-Baptiste, et fut longtemps compris dans la circonscription de la cure d'Ecuvilly. C'est au mois de décembre 1271 qu'il fut détaché de son église-mère et érigé en paroisse distincte. Le chapitre de Noyon consentit à ce démembrement et la dotation du curé fut assignée sur un legs fait par Mahaut ou Mathilde de Fay (1).

---

(1) Les lettres que nous faisons suivre mettent en évidence, l'erreur commise par l'auteur des *Annales de Noyon* et ceux qui ont écrit après lui sur cette localité en disant que ce démembrement eut lieu en 1233. — Universis presentes litteras inspecturis Wermundus dei gratia Noviomensis Episcopus salutem in domino, noveritis quod cum discordia verteretur inter viros venerabiles decanum et capitulum ecclesie beate Marie Niomensis patronos parrochiarum de Bello loco et de Escuveilli ex uni parte et virum venerabilem magistrum Galterum de Baceamont, canonicum ecclesie Noviomensis nec nunc et clementem de genere ipsius Magistri Galteri existentem ut dicebat idem magister Galterus, ex exaltera super eo quod petebant dicte. Decanus et Capitulus quod ecclesia de Bello loco per nos fieret parrochialis ecclesia et Baptismalis secundum quod alias per eosdem... Decanum et capitulum extiterat tractatum prout in litteris cor unsdem... Decani et capituli continetur. Dictis magistro Galtero et clemente in contrarium asserentibus, quod ecclesia de Bello loco fiere non debebat parrochialis nec etiam baptismalis cum ad presentationem ipsius magistri Galteri integra pervenisset parrochia de Escuveilli et de Bello loco; secundum petitionem et divisionem beneficiorum, a dictis decano et capitulo factam et diutius ab ipsis approbatam ; et diu super hiis et aliis litigatum extitisset coram nobis nos de assensu et voluntate partium predictarum in presentia earumdem partium in modum qui secuitur ordinarimus et ordinamus super premissis videlicet quod nos predictus Episcopus ex nunc volumus et ordinamus quod dicto ecclesia de Bello loco ex nunc sit ecclesia parrochialis et baptismalis ; volontes et statuentes et etiam ordinantes ut ad modo ecclesia de Bello loco parrochialis sit et baptismalis et una quaque ecclésia de predictis duabus

L'église de Beaulieu, reconstruite en 1607, est un édifice en pierres de taille de forme quadrangulaire allongée, éclairée de chaque côté par huit grandes fenêtres. Le sanctuaire est parqueté et orné d'un autel en bois de chêne, sculpté, assez remarquable, qui a été posé en 1786; tout l'édifice est lambrissé. Cette église fut convertie en atelier de salpêtre en 1794, ce qui causa des dégradations assez considérables.

Ce village, formé d'une seule rue pavée, de plus de quinze cents mètres, comprenait 102 habitations en 1720, et 183 en 1833; population, en 1835, 715 habitants. Il possède un presbytère, une école de garçons et une de filles, un jeu d'arc et un bureau de

---

ecclesiis reddituus suos, sibi appropiatos deinceps habeat et collatio seu presentatio amborum ecclesiarum predictarum deinceps ad predictores decanum et capitulum pertineat hoc salvo quod idem clemens parrochiam tenueret curam habeat utriusque et quod infra instanis pascha faciet se ad ordines presbiteratus promoveni ita tamen quod a nobis et successoribus nostris quidam capellanus idoneus instituendus et ordinandus instituor in ecclesia de Escuveilli pro libito nostre voluntatis et non a dicto clemente qui capellanus dicte ecclesie de Escuveilli fidelitur serviat nec subsit dicto clementi nisi volontarie et ibidem residentiam faciat qui quidem capellanus fidelitatum faciat clementi ante dicto de provintibus ipsius parrochie de Escuveilli ad opus dicti clementis fideliter observandis et de redditibus de Escuveilli singulis amis persipiat sexdecim libras parisiensis et habeat et residuum dictorum reddituum de Escuveili ad ditam ecclesiam de Escuveilli spectantium habeat idem clemens ratione ipsius cure a este dicte nocentes in idem capellanus per nos ibidem instituandus et ordinandus, possit compelli ab eodem clemente nisi voluerit dictus capellanus sibi ab Bellum locum subvenire; quam quidem ordinationem premissam dicte partes expresse laudaverunt et approbaverunt; et in cadem expresse coa sensaverunt: quod omnibus quorum inter est tenone presentiam intineamus et ut secreta et firma habeantur presens scriptum sigillo nostro fecimus sigillari nos vero predicti decanus et capitulum premissa a volentes et in eis dem expresse consentiendes sigillum nostrum presentibus duximus apponindem datus anno domine millesimo du centesimo septuagesimo primo, in crastino beati thome apostoli. (*Archives du chapitre de Noyon, layette de Beaulieu.*)

poste. Le territoire comprend 1,260 hectares. La forêt, dite *la Bouvresse*, dépendait du marquisat de Nesle. Dans les temps anciens elle occupait tout le nord de l'arrondissement de Compiègne, et s'avançait vers l'est jusqu'aux Ardennes. Dans le premier quart du siècle actuel elle s'étendait dans les cantons de Guiscard et de Lassigny et dans le département de la Somme, et sa contenance totale embrassait encore près de cinq mille hectares. Les bois de Beaulieu, de Margny-à-Cerises, d'Avricourt, d'Amy, de Candor, de Lassigny une partie du bois de Thiescourt en dépendaient. La portion de cette forêt, appelée spécialement la forêt de Beaulieu, occupait une étendue de neuf cent cinquante hectares. Les défrichements considérables opérés depuis vingt-cinq ans dans la forêt de Bouvresse l'ont presque totalement fait disparaître.

Anciens usages à Beaulieu aux jours gras, au 1er mai, à la Saint-Jean et le jour d'une noce.

Pendant les trois jours de carnaval (lundi, mardi et mercredi), la jeunesse de Beaulieu, masquée, va courir par tout le village. Le mardi, vers douze heures, les jeunes gens d'Ecuvilly, ayant à leur tête un chef, monté à cheval, appelé le *Grand-Air*, vont jusque sur la place de Beaulieu à la rencontre de ceux du village, qui ont aussi leur *Grand-Air* ; ils partent ensemble au son des violons, accompagnés d'une foule de curieux des deux sexes et de tous les âges. Arrivées à Ecuvilly les deux troupes entrent chez les aubergistes dont l'habitation se trouve dans la rue où a lieu le passage, et ceux-ci sont obligés au régal, qui consiste en plusieurs pots de cidre ; puis on danse tous ensemble une sorte de ronde appelée les *Trois chaises* sur l'air de *La bonne aventure ô gai*, et l'on se sépare, c'est-à-dire que les jeunes gens de Beaulieu retournent seuls dans leur village, pour s'y divertir à la danse et au cabaret le reste de la journée et une partie de la nuit, ainsi que le font ceux d'Ecuvilly.

Avant le XIX⁰ siècle, quand on avait dansé les *Trois chaises*, toute la troupe dirigeait sa marche jusqu'au moulin, dit de Beaulieu, placé à l'extrémité et à l'Est d'Ecuvilly ; alors chaque *Grand-Air* était monté sur un âne ; on faisait tourner le moulin trois fois, puis le meunier délivrait au chef de la troupe de Beaulieu dix sous et un boisseau d'avoine pour sa monture, selon une clause portée dans son bail. Il n'était pas permis à cette troupe de revenir sur ses pas et elle retournait à Beaulieu par un chemin derrière le village d'Ecuvilly.

Aujourd'hui, comme autrefois, c'est toujours le même costume dans ce genre de fête: chacun de ceux qui composent la troupe porte un bonnet de près d'un mètre de longueur en forme de corne d'abondance, mais courbé, recouvert de plumes de coq et retenu par un cordon qui passe sous le menton ; chacun porte aussi une chemise fine visible jusqu'à la ceinture ; un ruban attaché derrière d'une épaule à l'autre est garni d'autres rubans de différentes couleurs, qui pendent jusqu'à la ceinture, rubans empruntés longtemps d'avance aux jeunes personnes du pays. Chacun choisit pour ce jour le plus beau pantalon de drap qu'il possède. Le *Grand-Air* a le costume d'un militaire et l'épée ou à défaut le sabre au côté, attaché à un ceinturon.

Dans la nuit du 1ᵉʳ mai les jeunes gens, accompagnés du ménétrier du village, vont planter le *mai* sur le toit de l'habitation des jeunes filles. Ce *mai* est de bouleau, d'épine, de sureau, de houx, et chaque espèce de bois a sa signification. Si c'est un *mai* autre que le bouleau, la jeune fille se hâte de le faire disparaître avant que le public malin puisse apercevoir le signe emblématique ; si au contraire c'est le bouleau que son regard découvre, elle sourit, reconnaît la main qui l'a planté et regrette qu'il disparaisse bientôt, parce qu'elle est heureuse et fière de montrer à ses compagnes qu'elle a des adorateurs. Quand la plantation du bouleau a lieu, les jeunes gens chantent, avec accompagnement du violon, les couplets suivants:

RÉVEILLON.

I.

Réveillez-vous belle endormie,
Réveillez-vous car il est jour;
Mettez la tête à la fenêtre
Vous entendrez parler à vous.

II.

Quel est donc celui qui m'appelle,
D'un ton si agréable et doux?
C'est votre amant ma colombelle,
Qui désir' de parler à vous.

III.

Bell', demandez à votre père
S'il veut vous marier ou non;
S'il ne veut pas, qu'il me le dise;
Hors du pays nous en irons.

IV.

Mon pèr' ne veut pas me marier,
Il veut me mettr' dans un couvent
Où je serai bien heureuse
Je prierai Dieu pour mon amant.

V.

Je ferai faire une figure
Semblable à vous, ma chère amie;
Je la conserverai, je l' jure !
Cent fois le jour l'embrasserai.

VI.

Que diront tous mes camarades
De me voir embrasser c' papier?
C'est la figur' de ma maîtresse,
Cell' que mon cœur a tant aimée.

CHANT DE L'ALOUETTE APRÈS LE RÉVEILLON.

I.

C' fut le jour de la Pentecôte
Que j'aperçus ma mie,
Dans un pré, elle me dit tout en riant : p'tit garçonnet,
De t'en venir, de t'en aller ça me déplaît.

II.

Tout serviteur qui sert son maître
Ne va pas jouer quand il veut,
Ne va pas jouer quand il veut ni quand il lui plaît.
Parler à vous, on n'oserait pour faire la paix.

III.

Ah! si fait mon bon ami,
A moi vous y pouvez parler,
Venez tantôt sur les onze heures ou vers minuit,
Mon père, ma mère seront couchés, j'ouvrirai l'huis.

IV.

Le beau galant n'a pas manqué,
Sur les onze heures, s'en est allé :
Y dormez-vous, sommeillez-vous, gentil cœur doux ?
Dans cette nuit à nos amours y pensez-vous ?

V.

Ah ! je ne dors ni ne veille,
Je pense à vous toute la nuit.
Montez là haut tout doucement, mon bel ami,
Car si papa m'entend, morte je suis.

VI.

N'ont pas été deux heures ensemble
Que l'alouette chanta le jour.
Oh ! alouette, belle alouette, tu as menti :
Tu nous annonces le point du jour, il n'est qu' minuit.

La veille de la Saint-Jean, fête patronale de Beaulieu, on va chez les habitants ; ils fournissent leur contingent de fagots et de fascines, que l'on transporte sur un ancien chemin contigu au pré dit de *Saint-Jean*, ou à la *Croisette*, sur la route qui mène à Ognolles, distant de quelques centaines de mètres du village. On dresse d'abord un bouleau assez élevé appelé *mai*, au sommet duquel est un gros bouquet de fleurs, et l'on y assemble le bois. Le soir les habitants s'y rendent processionnellement avec le clergé au son des cloches ; le curé fait trois fois le tour du bûcher qu'il bénit et encense, il y met le feu et entonne le *Te Deum*. On chante aussi l'antienne de saint Jean, le cantique *Benedictus*, la prose du patron. On retourne à l'église en chantant l'hymne *Ut queant laxis*, puis il y a salut solennel.

Après le départ du clergé bon nombre de personnes, armées de gaules, éparpillent les tisons plus ou moins consumés, on les emporte pour les placer dans les toits de chaume des habitations ; ils ont, dit-on, la vertu de préserver du feu du ciel.

La partie du *mai* qui n'est pas consumée est transportée, par ceux qui ont préparé le bûcher, chez l'aubergiste du village le moins ancien, qui est obligé de leur donner à boire gratuitement.

Quelques instants après la tombée de la nuit du premier jour d'une noce, de jeunes filles et mêmes des femmes se rendent chez les parents de la mariée, où a lieu le plus souvent le repas nuptial, et chantent ce *Réveil* :

I.
Bon soir, la jeune fille,
Aussi votre compagnie ;
Nous venons, avesc honneure,
Chanter à vos nuits.

II.
Pour qui donc cette aubade,
Que vous chantez aujourd'hui ?
C'est pour vous, la jeune fille,
S'il vous plaît de nous entendre.

III.
Fillette qui se marie
N'a plus besoin d'amant.
Il lui faut un habit noire,
Un chapeau de souci.

IV.
Montant dessus le seuile
Pour dire : adieu plaisir,
Adieu père, adieu mère,
Adieu tous mes amis.

V.
Je m'en vais tenir ménage
Avesque mon mari.
Comment ferez-vous, belle,
Pour ménage tenir ?

VI.
Je ferai comme les autres ;
J'apprendrai à servir,
Je dresserai la table,
Le pain et le vin z'aussi.

VII.

Je rincerai le verre
Pour boire, et mon mari
Il boiras à ma santée
Et moi *de* la sienne aussi.

VIII.

Je ferai la couchette
Pour y coucher mon mari,
Et moi, par aventure,
Je coucherai avesc lui.

IX.

Il n'y a pas d'aventure,
Vous me l'avez promis ;
C'est pour le temps de ma vie
Et de la votre aussi.

X.

Ah ! voisin , voisine ,
Avez-vous bien passé la nuit ?
J'ai bien passé celle-ci,
J'en passerai bien d'autres aussi.

Autres usages à Beaulieu ou dans les villages environnants.

— Le lendemain des noces, on se rend généralement à l'église, où la messe des morts est célébrée en mémoire des parents défunts des deux époux.

— Le lendemain de la fête patronale, même office pour les parents de tous les paroissiens.

— Avant de quitter la tombe de la personne qui vient d'être inhumée, les parents en font le tour trois fois.

— La veille de l'Epiphanie, un enfant, le plus jeune de la famille, tire au sort. On a mis dans un vase autant de fèves qu'il y a de membres dans la famille, plus deux, et un de ces grains a été noirci. Le chef de la famille crie alors : *Phœbe Domine*, pour qui? l'enfant répond d'abord : *pour le bon Dieu*, et ensuite pour *la sainte Vierge*, pour tel ou tel. Celui qui a le grain noirci est le roi de la fête.

— A *Jeudi Jeudiot* (le jeudi qui précède le jour des cendres les enfants de chœur ou les plus grands élèves de l'école tirent au sort; celui qui est roi porte un surplis et la troupe va dans les maisons recevoir de l'argent, du lard ou d'autres comestibles que l'on se partage.

— Le dimanche des Rameaux on va planter dans ses champs une branche de buis bénit.

— Le jour du Samedi saint les enfants de chœur vont par les rues chanter l'antienne *Resurrexit* avec l'oraison ou quelques versets de l'hymne *O Filii*. Ils reçoivent un tribut qui consiste en quelques pièces de monnaie, ou plutôt en œufs.

— Les sonneurs, le sacristain ainsi que les chantres vont aussi dans chaque maison recevoir le même tribut.

— On appelle *veille* l'assemblée des femmes pour filer, et des jeunes gens pour passer la soirée auprès d'elles.

Superstitions dans le pays.

— Il ne faut pas remuer la crémaillère inutilement, cela fait pleurer la sainte Vierge.

— Le grillon porte bonheur à la maison dans laquelle il se réfugie, et où il fait entendre son chant.

— Les cris de la chouette pendant la nuit sont un présage sinistre.

— S'il meurt quelqu'un dans une famille, on attache un morceau d'étoffe à la ruche, car les abeilles ne se réuniraient plus ou périraient dans l'année si l'on ne leur faisait pas porter le deuil.

— Quand il tonne on met un morceau de fer dans le nid des poules, sans cela les œufs ne pourraient éclore.

— On arrête les hémorrhagies du nez en plaçant deux fétus de paille en croix.

— Le vendredi est un jour malheureux pendant lequel il ne faut rien entreprendre d'important.

— Le nombre *treize* est malheureux : si l'on est treize à table l'un des convives doit mourir dans l'année.

— Si le ciel est enflammé après le coucher du soleil, c'est un signe de guerre.

— Pendant la célébration de la messe de minuit, les animaux domestiques se mettent à genoux.

— Il y a des esprits qui habitent certaines maisons pendant la nuit, y font beaucoup de tapage et déplacent tous les meubles.

— Le gobelin est un génie familier, malin, qui prend diverses formes pour faire des espiègleries.

— On croit qu'il y a des femmes qui mettent au monde des espèces de monstres qui, dès qu'ils sont nés, se sauvent sous le lit en grimaçant.

— Un prêtre qui a reçu de l'argent pour des messes qu'il n'a point dites, vient les célébrer la nuit après sa mort.

— Le tintement des oreilles signifie qu'on parle de nous en bien ou en mal.

— On ne devrait pas se masquer même au temps du carnaval, parce que le diable a souvent enlevé des gens qui s'étaient déguisés.

— L'odeur de la fumée éloigne l'orage.

— Une corde de pendu porte bônheur.

— Voir une araignée le matin cela annonce du chagrin ; à midi, c'est du plaisir ; au soir, de l'espoir.

— On donne le nom de *furoles* au gaz inflammable que l'on aperçoit dans les lieux marécageux. On dit que les furoles cherchent à perdre les voyageurs.

www.ingramcontent.com/pod-product-compliance
Lightning Source LLC
LaVergne TN
LVHW021706080426
835510LV00011B/1618